# DOCUMENTS

RELATIFS A LA

# RÉPRESSION DES FRAUDES

## DANS L'ARMÉE

**PARIS**

Henri CHARLES-LAVAUZELLE

Éditeur militaire

10, Rue Danton, Boulevard Saint-Germain, 118

(MÊME MAISON A LIMOGES)

# MINISTÈRE DE LA GUERRE.

Direction du Contentieux et de la Justice militaire; Service spécial (2e Section); Contentieux. — N° 41.

*Instruction pour l'application du décret du 5 juin 1908
sur la répression des fraudes dans l'armée.*

DOCUMENTS ANNEXES : *loi du 1er août 1905; décret du 31 juillet 1906; décret du 5 juin 1908; arrêté ministériel du
1er août 1906.*

Paris, le 12 juin 1908.

Le Sous-Secrétaire d'Etat de la guerre à MM. les Généraux gouverneurs militaires de Paris et de Lyon; les Généraux commandant les corps d'armée.

I

## § 1er. — Considérations générales.

Un décret en date du 5 juin 1908 a complété celui du 31 juillet 1906 rendu en exécution de la loi du 1er août 1905 sur la répression des fraudes dans la vente des marchandises et des falsifications des denrées alimentaires et des produits agricoles.

La recherche et la constatation des infractions à la loi appartenaient, d'après l'article 2 du décret du 31 juillet 1906, uniquement aux autorités civiles désignées audit article, c'est-à-dire aux commissaires de police, aux commissaires de la police spéciale des chemins de fer et des ports, aux agents des contributions indirectes et des douanes, aux inspecteurs des halles, foires, marchés et abattoirs. Les agents des octrois et les vétérinaires sanitaires pouvaient être aussi chargés de cette mission à la condition d'être individuellement désignés par les préfets.

Il résultait de l'ensemble de ces dispositions que l'autorité militaire ne pouvait poursuivre la répression des fraudes constatées dans les fournitures faites à l'armée qu'en ayant recours aux articles 430 et suivants du Code pénal, relatifs aux délits des fournisseurs et aux modes de preuves du droit commun.

Si elle voulait employer les moyens d'action et la procédure établis par la loi du 1er août 1905 et le décret du 31 juillet 1906. elle ne pouvait le faire qu'en se faisant assister des agents ci-dessus désignés, qui avaient seuls qualité pour opérer les prélèvements sur les denrées suspectes.

Le décret en date du 5 juin 1908 a pour but de donner aux représentants de l'administration de la guerre des pouvoirs semblables à ceux des agents de l'autorité civile pour la recherche et la constatation de toutes les falsifications des denrées et boissons servant à l'alimentation de l'armée.

L'idée qui en a inspiré la rédaction a été de permettre un contrôle incessant de ces denrées et pouvant se poursuivre à toute époque et dans quelque endroit qu'elles se trouvent depuis leur présentation aux divers agents des services de l'armée

## § 2. — Forme du concours des autorités militaires dans la répression des fraudes.

Le concours des autorités militaires dans la répression des fraudes est actuellement limité à la constatation de ces fraudes au moyen de prélèvements.

Elles n'ont pas le pouvoir de procéder à la saisie des denrées suspectes : elles doivent se borner à la formalité du prélèvement dans les conditions prescrites par le décret du 31 juillet 1906.

L'accomplissement de cette formalité est facultatif et laissé à l'appréciation des autorités militaires, sauf lorsque les produits paraissent *falsifiés, corrompus* ou *toxiques*. Dans ces différents cas, le décret précité du 31 juillet 1906 (art. 4) rend les prélèvements obligatoires.

## § 3. — Denrées sur lesquelles s'exerce le pouvoir de recherche et d'investigation.

Suivant l'article 3 du décret du 5 juin 1908, ce pouvoir porte :

1° Sur les marchandises au moment de leur présentation pour livraison ;

2° Sur les marchandises approvisionnées dans les magasins militaires ;

3° Sur les denrées et boissons consommées ou approvisionnées dans les cantines des corps de troupes, services et établissements militaires.

Il résulte de cette énumération que toutes les marchandises

destinées à l'alimentation de l'armée peuvent faire l'objet des constatations prévues par la loi de 1905 à partir du moment où elles sont présentées pour être livrées et que le pouvoir de recherche des fraudes se maintient ensuite à toute époque pour les marchandises livrées, soit lorsqu'elles sont distribuées pour la consommation, soit lorsqu'elles sont mises en réserve dans les magasins de l'Etat ou dans des locaux placés sous la surveillance de l'autorité militaire.

## II

### Énumération des autorités qualifiées pour constater les infractions à la loi du 1er août 1905.

#### § 1. — AUTORITÉS MILITAIRES.

Ce sont, pour l'armée de terre, d'après l'article 2 du décret du 5 juin 1908 :

1° Les fonctionnaires du contrôle ;
2° Les fonctionnaires de l'intendance militaire ;
3° Les médecins militaires ;
4° Les vétérinaires militaires ;
5° Les officiers préposés aux approvisionnements ;
6° Les officiers préposés aux distributions de vivres.

Ces autorités militaires se répartissent en deux groupes.

1er *groupe.* — *Fonctionnaires du contrôle et de l'intendance militaire, médecins militaires, vétérinaires militaires.*

Dans ce groupe, l'ensemble du personnel de chacune des catégories reçoit la faculté de concourir à la répression des fraudes ; tout fonctionnaire du contrôle, tout fonctionnaire de l'intendance militaire, tout médecin, tout vétérinaire, à quelque degré de la hiérarchie qu'il se trouve, quel que soit son grade, a qualité, quand il a devant lui une denrée suspecte ou une boisson qu'il juge falsifiée, pour procéder aux opérations de constatation autorisées par la loi du 1er août 1905 et le décret du 31 juillet 1906. Il n'a pas à se préoccuper de cette circonstance que la denrée a déjà pu être reçue administrativement, qu'elle a pu être soumise à des vérifications antérieures. Il lui suffira d'estimer qu'il y a, suivant lui, des présomptions suffisantes de fraude pour mettre en mouvement la loi de 1905 et employer les moyens de recherche établis par cette loi en vue de faire apparaître avec évidence la fraude et d'en obtenir la répression par la punition des fraudeurs. Il peut, évidemment, avant d'agir, s'entourer de tous les renseignements, procéder à toutes les investigations qu'il juge utiles auprès de ceux qui détiennent la denrée ; mais, une fois sa conviction faite, il n'a pas l'obligation d'en référer à quelque autorité supérieure que ce soit et peut, sous réserve de l'application des prescriptions des décrets du 31 juillet 1906 et du 5 juin 1908 et, à défaut de tout autre représentant de l'armée qualifié à cet effet, faire les prélèvements prescrits.

*2ᵉ groupe. — Officiers préposés aux approvisionnements et officiers préposés aux distributions de vivres.*

Il convient ici de préciser quels sont les officiers qui auront qualité pour concourir à l'application de la loi du 1ᵉʳ août 1905. parce qu'à la différence de ce qui se produit dans le groupe précédent le décret du 5 juin 1908 n'investit pas du droit de participer à la procédure de répression des fraudes le corps des officiers, mais seulement un certain nombre d'officiers à raison des fonctions qu'ils remplissent en ce qui concerne spécialement l'alimentation.

### 1° Officiers préposés aux approvisionnements.

Les officiers visés par le décret du 5 juin 1908 sont les officiers d'administration gestionnaires (service des subsistances et service de santé). Ce sont eux qui, dans le service des subsistances, reçoivent les denrées et qui sont responsables de leur qualité et de leur quantité : il est logique de leur conférer le pouvoir d'assurer la répression des fraudes.

Dans le service de santé, les denrées sont reçues par une commission composée dans chaque établissement du médecin-chef président, du pharmacien et de l'officier d'administration gestionnaire. Le médecin-chef et cet officier peuvent individuellement, malgré la réception prononcée par cette commission, procéder à des opérations de prélèvements, s'ils estiment qu'il y a, de la part du fournisseur, une fraude quelconque tombant sous l'application de la loi de 1905.

### 2° Officiers préposés aux distributions de vivres.

Ces officiers sont :

1° Les officiers qui reçoivent les vivres dits de l'ordinaire ;

2° Les officiers qui reçoivent les vivres autres que ceux de l'ordinaire, qu'ils soient fournis directement par l'État ou par un entrepreneur ;

3° Les officiers d'approvisionnement.

### § 2. — AUTORITÉS CIVILES.

Le droit de rechercher et de constater les infractions à la loi du 1er août 1905, en ce qui touche les denrées et les boissons servant à l'alimentation de l'armée, n'est pas exclusivement réservé aux autorités militaires. Les agents de l'ordre civil désignés à l'article 2 du décret du 31 juillet 1906 ont également qualité : cela résulte expressément de l'article 2 du décret du 5 juin 1908. Il s'ensuit que si une fraude est soupçonnée sur une denrée quelconque à un moment où aucune des autorités militaires désignées dans le décret du 5 juin 1908 n'est présente, le chef de détachement, quel que soit son grade, devra recourir à celle des autorités qui a le pouvoir d'intervenir en application du décret du 31 juillet 1906 et qui devra agir dans les mêmes conditions que si la plainte émanait d'un particulier.

Un agent civil chargé par un magistrat de l'ordre judiciaire de constater le délit de fraude dans une caserne ou un établissement militaire ne saurait se voir refuser l'entrée de ladite caserne ou de l'établissement s'il a adressé à l'autorité militaire la réquisition prévue par l'article 90 du Code de justice militaire.

## III

### Etendue de la mission conférée aux fonctionnaires militaires et aux officiers ci-dessus désignés.

#### § 1er. — CONDITIONS NÉCESSAIRES POUR INTERVENIR.

Les fonctionnaires militaires et les officiers, investis du pouvoir de constater les infractions à la loi du 1er août 1905 doivent observer que ce pouvoir ne leur est accordé que sous les deux conditions suivantes :

1re *condition. — Falsification des denrées alimentaires et des boissons.*

Le droit conféré aux autorités par le décret du 5 juin 1908 est exceptionnel, car, d'après ce décret, la recherche et la constatation des infractions à la loi du 1er août 1905 sont strictement limitées aux denrées et aux boissons servant à l'alimentation de l'armée de terre (hommes et chevaux).

Il s'ensuit que toute marchandise qui n'a pas cette destination, sans être soustraite au droit de vérification des autorités militaires, ne peut donner lieu à l'application du décret du 5 juin 1908. Dans le cas où des fraudes rentrant dans les prévisions de la loi du 1er août 1905 viendraient à être constatées, la répression ne pourrait en être poursuivie que d'après les règles de cette loi et du décret du 31 juillet 1906, les fonctionnaires militaires et les officiers n'ayant à intervenir que pour requérir l'assistance des agents de l'autorité civile.

*2e condition. — Constatation faite à l'occasion de l'exercice des fonctions.*

Le caractère du droit d'intervention des autorités militaires dans la répression des fraudes apparaît encore dans la disposition du décret de 1908 qui ne leur reconnaît qualité pour concourir à l'exécution de la loi du 1er août 1905 qu'à l'occasion de l'exercice de leurs fonctions. Cette prescription a pour objet de limiter leur concours pour la répression des fraudes aux constatations qu'ils peuvent faire dans l'exercice même des fonctions dont ils sont chargés à raison de l'emploi qu'ils occupent, soit dans les corps de troupes, soit dans les divers services.

Ce principe posé, il y a lieu de préciser pour chaque catégorie de fonctionnaires militaires et d'officiers les circonstances dans lesquelles elle pourra agir.

### 1° Fonctionnaires du contrôle.

Les fonctionnaires du contrôle auront qualité pour prêter leur concours à l'exécution de la loi du 1er août 1905 lorsqu'ils seront en cours d'une des missions de contrôle qu'ils sont appelés à faire en exécution de l'article 26 de la loi du 16 mars 1882 et de l'article 7 du décret du 28 octobre de la même année.

### 2° Fonctionnaires de l'intendance.

Les fonctionnaires de l'intendance interviennent dans l'alimentation des hommes et des chevaux de l'armée, soit par la constitution d'approvisionnements de denrées et leur distribution aux troupes sur l'ordre du commandement, soit au moyen de la vérification des comptes relatifs aux ordinaires qu'ils exercent par délégation du commandement.

En raison de ces attributions normales, ils sont en fonctions dans toutes les circonstances où ils peuvent être amenés à constater l'état des denrées destinées aux troupes, et ils ont qualité pour opérer des prélèvements en tous lieux, soit dans les magasins de l'Etat, soit dans ceux des entrepreneurs ou fournisseurs, soit enfin dans les locaux du casernement affectés au service des ordinaires.

### 3° Médecins militaires.

Le droit de constatation et de vérification des médecins militaires s'exerce naturellement dans les infirmeries régimentaires, dans les infirmeries-hôpitaux ou dans les hôpitaux militaires et s'étendra à toutes les denrées et à toutes les boissons qui pourront être livrées aux malades ou qui auront été mises à leur disposition.

Lorsqu'ils sont appelés par la commission des ordinaires, en application de l'article 35 du décret du 22 avril 1905, à donner leur avis sur la qualité de denrées qui font naître des doutes, les médecins militaires pourront se prévaloir du décret du 5 juin 1908 et procéder à des prélèvements s'ils estiment personnellement que la denrée est de celles qui justifient l'application de la loi de 1905.

Si dans les visites qu'en vertu du même article 35 ils sont tenus de faire dans les locaux de distribution et dans les cuisines pour examiner la qualité des denrées et notamment de la viande, ils constatent une fraude, ils ont encore, sans aucun doute, la possibilité d'opérer sur ces denrées les prélèvements destinés à attester la fraude commise.

Les médecins militaires pourront faire les prélèvements prescrits toutes les fois qu'ils se trouveront en présence d'une denrée livrée directement aux corps de troupes par un fournisseur quelconque.

Si la denrée provient des magasins de l'Etat, le médecin qui n'aura pas la possibilité d'appeler le fournisseur devra se borner à rendre compte au chef de corps. Il appartiendra à ce dernier d'aviser immédiatement le service qui aura fait la livraison.

### 4° Vétérinaires militaires.

Le décret du 14 mars 1896 dispose, dans son article 1er, que le service vétérinaire de l'armée a pour objet, entre autres choses, la visite des animaux de boucherie et l'examen des viandes destinées aux troupes en station. Les vétérinaires qui se trouveront soit dans les abattoirs, soit dans les casernes ou les établissements militaires, soit dans les rassemblements de troupes, de quelque importance qu'ils soient, auront à se préoccuper de l'application de la loi de 1905 et sont, par suite, autorisés à faire sur les viandes soumises à leur examen les prélèvements qu'ils jugeraient nécessaires en se conformant aux prescriptions légales.

L'inspection des fourrages affectés à l'alimentation peut révéler, lorsque les vétérinaires y prennent part dans les conditions prévues par les règlements, des fraudes de nature à livrer aux chevaux et bêtes de somme des aliments avariés ou de qualité nuisible ; les vétérinaires militaires ne devront pas hésiter, dans ce cas, à se considérer comme dans l'exercice de leurs fonctions et à agir en conséquence.

#### 5° Officiers préposés aux approvisionnements.

Les officiers préposés aux approvisionnements reçoivent les denrées qualitativement et quantitativement : c'est au moment de la réception qu'ils doivent faire leurs vérifications. Ils n'auront pas alors à examiner seulement si les conditions du marché de fournitures ont été suffisamment exécutées par les fournisseurs et si toutes les clauses du contrat sont accomplies ; ils devront aussi, par une inspection sérieuse des produits présentés, chercher à se convaincre qu'ils ne sont point falsifiés. S'ils ont la conviction que les denrées proposées à la réception tombent sous le coup de la loi du 1er août 1905, leur pouvoir ne se borne pas au refus de ces denrées. La fraude ne constitue plus seulement un acte d'inexécution du contrat, mais un fait délictueux. Ils sont chargés de contribuer à la répression du délit : ils devront donc se mettre en mesure d'effectuer les prélèvements destinés à permettre, s'il y a lieu, l'ouverture de l'action pénale.

Lorsque l'officier d'administration gestionnaire découvrira, ou lorsqu'on lui aura signalé l'existence d'une fraude dans les denrées déjà reçues et approvisionnées dans les magasins militaires, il devra immédiatement s'assurer que ces denrées sont de celles dont le fournisseur peut être retrouvé. Dans ce cas, il aura à faire des prélèvements, celui-ci dûment convoqué. Les denrées peuvent être de celles pour lesquelles la recherche du fournisseur est devenue impossible. Il est évident qu'alors aucun prélèvement ne doit être effectué. Mais l'officier gestionnaire devra à l'avenir surveiller avec la plus grande rigueur les livraisons des denrées de même nature pour pouvoir, lors de la réception, les soumettre à la formalité du prélèvement, s'il constate la présence des mêmes indices de fraude.

#### 6° Officiers préposés aux distributions de vivres.

1° Vivres de l'ordinaire. — Les officiers préposés à la distribution des vivres de l'ordinaire doivent, lorsque les denrées leur sont présentées, rechercher avant tout si elles ne sont pas falsifiées, si elles ne sont ni corrompues, ni toxiques ; si, en un mot, elles ne sont pas viciées par une des fraudes tombant sous l'application de la loi de 1905. Ils devront se persuader qu'en ne procédant pas à une vérification aussi scrupuleuse que possible ils engagent leur responsabilité et manquent à un des devoirs qui leur sont maintenant imposés par la réglementation militaire s'ils ne concourent pas à la répression des fraudes de nature à nuire à la santé des hommes. Ils sont donc tenus, quand ils supposent qu'une denrée qu'ils ont à recevoir a été l'objet d'une fraude, de ne pas oublier de faire sur elle les prélèvements prescrits et que même ces prélèvements sont obligatoires pour eux, s'il y a falsification, corruption ou toxicité.

2° Autres vivres. — L'officier de distribution représentant le conseil d'administration exercera son pouvoir de vérification dans les mêmes conditions que celui qui est préposé à la distribution des vivres de l'ordinaire. Si la denrée, qui lui paraît suspecte, a été livrée directement par un entrepreneur, il a, sans attendre la décision de la commission constituée pour juger les contestations qui peuvent s'élever entre lui et l'entrepreneur (décrets du 20 octobre 1892 sur le service intérieur), le pouvoir ou le devoir, suivant la distinction déjà faite pour les officiers chargés de la distribution des vivres de l'ordinaire, de procéder lui-même au prélèvement, l'entrepreneur dûment convoqué.

Dans le cas où la denrée provient d'un magasin militaire, il devra arrêter la distribution et informer l'officier d'administration gestionnaire qui a fait la livraison, afin que celui-ci procède aux prélèvements, si cela est possible, ou tout au moins surveille à l'avenir les livraisons de la denrée au sujet de laquelle des doutes ont pu naître.

§ 2. — DROIT DE PROCÉDER AUX PRÉLÈVEMENTS MÊME APRÈS REFUS DES DENRÉES.

Lorsque les officiers, qui sont chargés de recevoir les denrées servant à l'alimentation des troupes et à celle des chevaux, constatent que ces denrées tombent sous le coup de l'application de la loi du 1ᵉʳ août 1905, ils peuvent encore, après les avoir refusées, procéder aux prélèvements, et c'est même pour eux une obligation, ainsi que cela a été dit plus haut, lorsqu'ils soupçonnent les denrées présentées d'être falsifiées, corrompues ou toxiques. Le fournisseur ne saurait se soustraire à l'exercice de ce droit ou de cette obligation en proposant de retirer la marchandise qu'il a présentée à la réception, car la responsabilité qu'il encourt dans cette circonstance est indépendante de celle qui résulte pour lui de l'exécution des conditions de son marché.

Il est donc indispensable pour les officiers de se pénétrer, dans la circonstance, de leurs droits et de leurs obligations et de se convaincre qu'eux seuls ont le pouvoir de décider si un prélèvement doit être opéré après refus d'une denrée et qu'ensuite dans certains cas, quelles que soient les offres des fournisseurs, ils sont, en vertu des décrets des 31 juillet 1906 et 5 juin 1908, obligés d'opérer ce prélèvement.

§ 3. — NATURE DES FRAUDES.

On ne peut faire les prélèvements, opérations préliminaires de l'action répressive, organisée par la loi du 1ᵉʳ août 1905 et le décret du 31 juillet 1906, que lorsque la fraude porte :

1° Sur la nature, les quantités substantielles, la composition et la teneur en principes utiles (loi du 1ᵉʳ août 1905, art. 1ᵉʳ) ;

2° Sur l'espèce ou l'origine des denrées quand, d'après la convention ou les usages, la désignation de l'espèce ou de l'origine faussement attribuée doit être considérée comme la cause principale de la fourniture (loi du 1ᵉʳ août 1905, art. 1ᵉʳ) ;

3° Sur la quantité des choses livrées ou sur leur identité par la livraison d'une denrée autre que la chose déterminée qui a fait l'objet d'un contrat (loi du 1ᵉʳ août 1905, art. 1ᵉʳ) ;

4° Sur la falsification des denrées, leur corruption ou leur caractère toxique (loi du 1ᵉʳ août 1905, art. 3).

§ 4. — PRESCRIPTION DU DÉLIT DE FRAUDE.

Le délit de fraude, comme tous les délits qui ne sont pas continus, se prescrit par trois ans, conformément aux dispositions de l'article 638 du Code d'instruction criminelle.

Au moment de la réception des denrées, achetées directement aux commerçants ou industriels par les corps de troupes, ou livrées par des entrepreneurs, on n'aura pas à se préoccuper de cette prescription triennale puisque l'action publique pourra être mise en mouvement immédiatement après l'accomplissement du délit.

Il n'en sera pas de même pour la constatation des fraudes sur les denrées approvisionnées dans les magasins de l'Etat, soit que ces denrées y soient restées, soit qu'elles aient été livrées à la consommation des corps de troupes. Les fonctionnaires du contrôle ou de l'intendance militaire qui, dans leurs inspections ou leurs vérifications, remarqueraient des denrées suspectes, auront à se renseigner sur la date à laquelle elles ont été livrées. Si cette date est antérieure à trois années, aucun prélèvement ne devra être fait : il serait inutile, l'action pénale étant prescrite.

La même recommandation est faite à l'officier d'administration gestionnaire qui, en cours de distribution aux corps de troupes, découvrirait une fraude de nature à être réprimée en application de la loi du 1er août 1905.

Mais dans ces derniers cas il n'en sera pas moins fait une enquête à l'effet de connaître quelles autorités ont été négligentes et de permettre au Ministre d'exclure des fournisseurs indélicats.

IV

### Opérations de prélèvements.

§ 1er. — NÉCESSITÉ DE LA PRÉSENCE DU FOURNISSEUR
OU DE SON REPRÉSENTANT.

Les opérations du prélèvement doivent, d'après l'article 3 du décret du 5 juin 1908, être effectuées en présence du fournisseur ou de son représentant, ou lui dûment appelé.

Le fournisseur ou son représentant doivent donc, préalablement à toute opération, être convoqués. La convocation indiquera le jour et l'heure auxquels les prélèvements seront faits. Elle sera remise personnellement au fournisseur ou à son représentant accrédité. Si cette remise personnelle est impossible à cause de l'éloignement de la résidence de l'une ou l'autre de ces deux personnes, la convocation sera adressée par lettre recommandée, le récépissé délivré par la poste devant servir de justification.

Si les intéressés n'ont pas répondu ou s'ils n'ont pas demandé un ajournement à très courte échéance pour cas de force majeure, il sera passé outre et les prélèvements seront effectués.

*Aucune convocation préalable n'est à faire et il peut être procédé séance tenante aux prélèvements si, au moment où l'utilité de ces prélèvements apparaît aux autorités désignées par le décret du 5 juin 1908, le fournisseur ou son représentant sont présents dans l'établissement militaire (caserne ou magasin). S'ils ne sont pas présents, ils peuvent être, d'ailleurs, immédiatement convoqués. Il suffit que cette convocation soit faite utilement, c'est-à-dire qu'ils soient « dûment appelés ».*

Les développements insérés dans les paragraphes 2 et 3 qui précèdent sont uniquement destinés à faire connaître les moyens qu'il y a lieu d'employer pour appeler le fournisseur ou son représentant dans le cas où ceux-ci se trouvent hors de l'établissement militaire et qu'il s'agit de denrées déjà livrées.

## § 2. — ÉCHANTILLONS.

Les opérations mêmes du prélèvement comportent sur chaque denrée ou boisson la prise de quatre échantillons.

Un de ces échantillons est destiné au laboratoire pour analyse, les trois autres sont éventuellement destinés aux experts.

Les échantillons prélevés doivent remplir les conditions fixées par l'arrêté du Ministre de l'agriculture en date du 1er août 1906, en ce qui concerne les liquides, les matières grasses pâteuses ou semi-fluides, les matières à prélever en bocaux, les produits solides ou en poudre, et les conserves.

Les prélèvements doivent être effectués de telle sorte que les quatre échantillons soient autant que possible identiques (décret du 31 juillet 1906, art. 7).

Bien que chaque prélèvement comporte la prise de quatre échantillons, on devra laisser un cinquième échantillon entre les mains de l'intéressé lorsque celui-ci en fera la demande. Cet échantillon ne devra être revêtu d'aucun cachet, d'aucune marque susceptible de lui donner un caractère officiel. Cependant, pour les laits, on ajoutera une pastille de bichromate de potasse, ainsi qu'il est dit dans l'arrêté du 1er août 1906.

## § 3. — LIEU DE PRÉLÈVEMENTS.

Les prélèvements ne peuvent, en principe, avoir lieu que dans les établissements militaires (casernes et magasins). Toutefois, seront assimilés à ces établissements les locaux dans lesquels les entrepreneurs procèdent à la fabrication des produits destinés à l'armée ou détiennent en magasin les matières premières servant à cette fabrication. Il en sera de même des locaux où sont tenus en réserve les fourrages que les fournisseurs doivent livrer aux corps de troupes.

Exception à cette règle est faite pour les achats qui sont effectués directement chez le fournisseur.

## § 4. — Mise sous scellés des échantillons.

Tout échantillon prélevé est mis sous scellés (décret du 31 juillet 1906, art. 8). Ces scellés sont appliqués sur une étiquette composée de deux parties pouvant se séparer et être ultérieurement rapprochées (décret du 31 juillet 1906, art. 8).

1° Un talon qui ne sera enlevé que par le chimiste au laboratoire après vérification du scellé. Il ne doit porter que les indications suivantes : nature du produit, dénomination sous laquelle il est vendu, date du prélèvement et numéro sous lequel les échantillons sont enregistrés au moment de leur réception par le service administratif (décret du 31 juillet 1906, art. 8).

2° Un volant qui porte ces mêmes mentions, mais où sont inscrits, en outre, les nom et adresse du propriétaire ou détenteur de la marchandise (décret du 31 juillet 1906, art. 8).

Ce volant est signé par l'auteur du procès-verbal (décret du 31 juillet 1906, art. 8).

Toutes ces formalités, prescrites par le décret du 31 juillet 1906, doivent être scrupuleusement observées.

## § 5. — Valeur des prélèvements.

Aussitôt après avoir scellé les échantillons, le fonctionnaire militaire ou l'officier, s'il est en présence du fournisseur ou de son représentant, doit le mettre en demeure de déclarer la valeur des échantillons prélevés (décret du 31 juillet 1906, art. 9).

Le procès-verbal devra mentionner cette mise en demeure et la réponse qui a été faite (décret du 31 juillet 1906, art. 9).

On remettra au fournisseur ou à son représentant un récépissé détaché d'un livre à souche et où il sera fait mention de la valeur déclarée. Toutefois, dans le cas où cette déclaration comportera une majoration évidente de la valeur réelle il y aura lieu de le mentionner au procès-verbal et sur le récépissé.

## § 6. — Procès-verbal.

Séance tenante, il doit être procédé à la rédaction d'un procès-verbal dans les conditions prescrites par l'article 6 du décret du 31 juillet 1906.

L'attention des fonctionnaires militaires et des officiers qui auront à verbaliser est tout spécialement attirée sur la rédaction de ce procès-verbal. Il est indispensable qu'il contienne toutes les indications à exiger par le décret ; l'importance de ce document ne doit pas être un seul instant méconnue, car c'est lui qui servira de fondement à l'ouverture de l'action pénale et, par suite, à la répression de la fraude.

Des modèles de procès-verbaux passe-partout, identiques à ceux qui ont été adoptés par le ministère de l'agriculture, seront fournis et déposés dans chaque établissement militaire, ainsi que les étiquettes devant être fixées aux échantillons.  •

### § 7. — ENVOI DU PROCÈS-VERBAL ET DES ÉCHANTILLONS A LA PRÉFECTURE.

Le procès-verbal et les échantillons doivent être envoyés dans les vingt-quatre heures à la préfecture par le service pour le compte duquel a eu lieu le prélèvement.

Les échantillons seront expédiés dans de petites caisses : l'emballage devra être fait au moyen de paille, foin, copeaux, fuseau de bois ou de papier, de façon à éviter la rupture des vases en cours de route. La fermeture des caisses sera assurée en scellant au moyen d'une ficelle les pitons placés de chaque côté du couvercle.

Le fonctionnaire militaire et l'officier qui ont verbalisé doivent veiller à ce que l'envoi soit fait dans le délai de vingt-quatre heures prescrit par le décret du 31 juillet 1906.

Avis de cet envoi devra être donné au commandant de corps d'armée ou au gouverneur militaire de Paris.

### § 8. — COMMUNICATION DES ÉTUDES FAITES PAR LES LABORATOIRES AU MINISTÈRE DE LA GUERRE.

Lorsque les commandants de corps d'armée ou le gouverneur militaire de Paris auront été, conformément aux prescriptions des articles 5 et 6 du décret du 5 juin 1908, avisés par le préfet des conclusions contenues dans le rapport du laboratoire chargé de l'analyse, ils auront à en donner dans les vingt-quatre heures communication au ministère de la guerre, sous le timbre du Sous-Secrétaire d'Etat.

### § 9. — PRISES D'ESSAI.

Les chefs de corps ou de détachement devront fréquemment

faire, et à titre de contrôle, sur les denrées et boissons dont ils disposent, des prises d'essai destinées à les renseigner sur la qualité desdites denrées et boissons.

Ces prises d'essai sont adressées au laboratoire du corps d'armée qui leur fera connaître dans le plus bref délai le résultat de son analyse.

Cet examen a uniquement pour but d'éclairer les autorités militaires sur l'opportunité qu'il peut y avoir de procéder aux prélèvements dont il est parlé dans la présente instruction et ne saurait entraîner aucune sanction pénale.

En conséquence, les prises d'essai auront nécessairement lieu en dehors de toute intervention des fournisseurs.

Il est entendu que les prélèvements réguliers peuvent être opérés, s'il y a lieu, sans cet examen préalable.

*Le Sous-Secrétaire d'Etat*
*au ministère de la guerre,*

Henry CHÉRON.

<table>
<tr><td>

•CORPS D'ARMÉE<br>
*ou*<br>
GOUVERNEMENT MILITAIRE<br>
DE PARIS<br>
OU DE LYON (1)<br>
—<br>
*Place de*

</td><td>

MINISTÈRE DE LA GUERRE.<br>
—<br>
**RÉPRESSION DES FRAUDES.**<br>
(Loi du 1er août 1905, décrets<br>
des 31 juillet 1906 et 5 juin 1908.)

</td><td>

MODÈLE N° 1.<br>
<br>
Format du papier :<br>
Hauteur...... 0m,315.<br>
Largeur...... 0m,205.

</td></tr>
</table>

## *Procès-verbal de prélèvement d'échantillons.*

N° d'enregistrement
(6) :

Nous, soussigné (2)
agissant en vertu des pouvoirs à nous conférés par le décret du 5 juin 1908, avons, en procédant à la réception (ou à la vérification) des marchandises livrées (ou approvisionnées) à (3)

N° du prélèvement :

par (4)　　　　　　　　prélevé quatre échantillons identiques de (5)

Pour prélever ces quatre échantillons identiques, nous avons procédé ainsi qu'il suit en présence de M.　　　, fournisseur (ou de M.　　　, préposé, représentant le fournisseur) (7) :

Ces échantillons ont été ensuite renfermés dans (8) et scellés immédiatement avec des étiquettes indicatives portant toutes le n° (9) que　　　a　　　signé avec nous.

M.　　　nous a formulé les observations qui suivent :

Nous avons ensuite délivré au fournisseur, M. un bon de remboursement de montant de la valeur déclarée (10) par lui des quatre échantillons susvisés et portant le n°

En foi de quoi nous avons dressé le présent procès-verbal que M.　　　a signé avec nous, après que lecture lui en a été faite, pour être transmis à M. le préfet de

A　　　, le (date et heure en toutes lettres).

*Le Fournisseur* ou *Le Préposé* (11),

　　　　　　　　　　*L'Officier verbalisateur* (12),

---

(1) Biffer les mots inutiles, suivant le cas.
(2) Nom, prénoms, qualité de l'officier ou du fonctionnaire militaire verbalisateur.
(3) Indiquer exactement le lieu et le corps ou établissement destinataire.
(4) Nom, prénoms, profession, domicile du fournisseur.
(5) Il est indispensable de mentionner au procès-verbal les circonstances du prélèvement, notamment en ce qui concerne l'importance du lot de marchandises échantillonné, la nature des récipients ou des emballages, les marques dont ils sont revêtus, les conditions dans lesquelles les marchandises sont livrées ou approvisionnées.
(6) A remplir par la préfecture.
(7) Si le fournisseur ou le préposé ne sont pas présents, indiquer comment ils ont été convoqués.
(8) Nature de l'emballage.
(9) Numéro du prélèvement relaté en tête du procès-verbal.
(10) Dans les cas où cette déclaration comporterait une majoration évidente de la valeur réelle, il y aurait lieu de mentionner au procès-verbal, ainsi que sur le récépissé, cette dernière estimation.
(11) Dans le cas où le fournisseur ou le préposé refuserait de signer, constater le refus au procès-verbal.
(12) *Ou* le fonctionnaire militaire verbalisateur.

CORPS D'ARMÉE
*ou*
GOUVERNEMENT MILITAIRE DE PARIS
*ou* DE LYON (1).

*Place de*

*Prélèvement d'échantillons.*
(Loi du 1er août 1905, décrets
du 31 juillet 1905 et du
5 juin 1908.)

Nº          (2)

Objet du prélèvement :

Nom du fournisseur :

Valeur déclarée :          fr.

Date du prélèvement :

MODÈLE Nº 2.

Format du papier :
Hauteur....... 0ᵐ,16
Largeur....... 0ᵐ,24

CORPS D'ARMÉE
*ou*
GOUVERNEMENT MILITAIRE DE PARIS
*ou* DE LYON (1).

## RÉCÉPISSÉ.

Nº          (2).

*Prélèvement d'échantillons.*
(Loi du 1er août 1905,
décrets du 31 juillet et du 5 juin 1908.)

Je, soussigné, ai prélevé le
quatre échantillons de
d'une valeur déclarée de

Nom du fournisseur :

A          , le          19   .

*L'Officier verbalisateur (3).*

---

(1) Biffer les mots inutiles,
suivant le cas.
(2) Numéro du prélèvement.
Répr. des fraudes.

(1) Biffer les mots inutiles, suivant le cas.
(2) Numéro du prélèvement.
(3) Ou le fonctionnaire militaire verbalisateur.

1.

• CORPS D'ARMÉE
*ou*
GOUVERNEMENT MILITAIRE
DE PARIS
OU DE LYON (1).
—

*Place de*

MODÈLE N° 3.

Format du papier :
Hauteur...... 0$^m$,095
Largeur...... 0$^m$,17
(Papier fort
ou parcheminé.)

MINISTÈRE DE LA GUERRE.
—

Dénomination :

Date du prélèvement :
Numéro d'enregistrement de la préfecture :

---

• CORPS D'ARMÉE.
—

*Place de*

## RÉPRESSION DES FRAUDES.

MINISTÈRE DE LA GUERRE.
—

Numéro d'inscription du service administratif.
Échantillon prélevé le
 sous le numéro
Nature du produit :
Dénomination sous laquelle il est livré :

Nom du fournisseur :
Domicile :
Lieu où le prélèvement a été opéré :

*L'Officier*
(*ou* le fonctionnaire militaire verbalisateur) (1),

---

(1) Biffer les mots inutiles suivant le cas.

*Loi du 1ᵉʳ août 1905 sur la répression des fraudes dans la vente des marchandises et des falsifications des denrées alimentaires et des produits agricoles.*

Le Sénat et la Chambre des députés ont adopté.
Le Président de la République, promulgue la loi dont la teneur suit :

Art. 1ᵉʳ. Quiconque aura trompé ou tenté de tromper le contractant :

Soit sur la nature, les qualités substantielles, la composition et la teneur en principes utiles de toutes marchandises ;
Soit sur leur espèce ou leur origine lorsque, d'après la convention ou les usages, la désignation de l'espèce ou de l'origine faussement attribuées aux marchandises, devra être considérée comme la cause principale de la vente ;
Soit sur la quantité des choses livrées ou sur leur identité par la livraison d'une marchandise autre que la chose déterminée qui a fait l'objet du contrat,
Sera puni de l'emprisonnement, pendant trois mois au moins, un an au plus, et d'une amende de cent francs (100 fr.) au moins, de cinq mille francs (5.000 fr.) au plus, ou de l'une de ces deux peines seulement.

Art. 2. L'emprisonnement pourra être porté à deux ans, si le délit ou la tentative de délit prévus par l'article précédent ont été commis :
Soit à l'aide de poids, mesures et autres instruments faux ou inexacts ;
Soit à l'aide de manœuvres ou procédés tendant à fausser les opérations de l'analyse ou du dosage, du pesage ou du mesurage, ou bien à modifier frauduleusement la composition, le poids ou le volume des marchandises, même avant ces opérations ;
Soit, enfin, à l'aide d'indications frauduleuses tendant à faire croire à une opération antérieure et exacte.

Art. 3. Seront punis des peines portées par l'article 1ᵉʳ de la présente loi :

1° Ceux qui falsifieront des denrées servant à l'alimentation de l'homme ou des animaux, des substances médicamenteuses, des boissons et des produits agricoles ou naturels destinés à être vendus ;

2° Ceux qui exposeront, mettront en vente ou vendront des denrées servant à l'alimentation de l'homme ou des animaux, des boissons et des produits agricoles ou naturels qu'ils sauront être falsifiés ou corrompus ou toxiques ;

3° Ceux qui exposeront, mettront en vente ou vendront des substances médicamenteuses falsifiées ;

4° Ceux qui exposeront, mettront en vente ou vendront, sous forme indiquant leur destination, des produits propres à effectuer la falsification des denrées servant à l'alimentation de l'homme ou des animaux, des boissons et des produits agricoles ou naturels et ceux qui auront provoqué à leur emploi par le moyen de brochures, circulaires, prospectus, affiches, annonces ou instructions quelconques.

Si la substance falsifiée ou corrompue est nuisible à la santé de l'homme ou des animaux ou si elle est toxique, de même si la substance médicamenteuse falsifiée est nuisible à la santé de l'homme ou des animaux, l'emprisonnement devra être appliqué. Il sera de trois mois à deux ans et l'amende de cinq cents francs (500 fr.) à dix mille francs (10.000 fr.).

Ces peines seront applicables même au cas où la falsification nuisible serait connue de l'acheteur ou du consommateur.

Les dispositions du présent article ne sont pas applicables aux fruits frais et légumes frais fermentés ou corrompus.

Art. 4. Seront punis d'une amende de cinquante francs (50 fr.) à trois mille francs (3.000 fr.) et d'un emprisonnement de six jours au moins et de trois mois au plus, ou de l'une de ces deux peines seulement :

Ceux qui, sans motifs légitimes, seront trouvés détenteurs dans leurs magasins, boutiques, ateliers, maisons ou voitures servant à leur commerce ainsi que dans les entrepôts, abattoirs et leurs dépendances et dans les gares ou dans les halles, foires et marchés ;

Soit de poids ou mesures faux ou autres appareils inexacts servant au pesage ou au mesurage des marchandises ;

Soit de denrées servant à l'alimentation de l'homme ou des animaux, de boissons, de produits agricoles ou naturels qu'ils savaient être falsifiés, corrompus ou toxiques ;

Soit de substances médicamenteuses falsifiées ;

Soit de produits, sous forme indiquant leur destination, propres à effectuer la falsification des denrées servant à l'alimentation de l'homme ou des animaux, ou des produits agricoles ou naturels ;

Si la substance alimentaire falsifiée ou corrompue est nuisible à la santé de l'homme ou des animaux ou si elle est toxique ; de même si la substance médicamenteuse falsifiée est nuisible à la santé de l'homme ou des animaux, l'emprisonnement devra être appliqué.

Il sera de trois mois à un an et l'amende de cent francs (100 fr.) à cinq mille francs (5.000 fr.)

Les dispositions du présent article ne sont pas applicables aux fruits frais et légumes frais fermentés ou corrompus.

Art. 5. Sera considéré comme étant en état de récidive légale quiconque ayant été condamné par application de la présente loi ou par application des lois sur les fraudes dans la vente :

1° Des engrais (loi du 4 février 1888) ;
2° Des vins, cidres et poirés (lois des 14 août 1889, 11 juillet 1891, 24 juillet 1894, 6 avril 1897, 6 août 1905, 29 juin 1907) (1) ;
3° Des sérums thérapeutiques (loi du 25 avril 1895) ;
4° Des beurres (loi du 16 avril 1897) ;
5° De la saccharine (art. 49 et 53 de la loi du 30 mars 1902) ;
6° Des sucres (loi du 28 janvier 1903, art. 7 ; loi du 31 mars 1903, art. 32) ;

Aura, dans les cinq ans qui suivront la date à laquelle cette condamnation sera devenue définitive, commis un nouveau délit tombant sous l'application de la présente loi ou des lois susvisées.

Au cas de récidive, les peines d'emprisonnement et d'affichage devront être appliquées.

Art. 6. Les objets dont les vente, usage ou détention constituent le délit, s'ils appartiennent encore au vendeur ou détenteur, seront confisqués ; les poids et autres instruments de pesage, mesurage ou dosage, faux ou inexacts, devront être aussi confisqués et, de plus, seront brisés.

Si les objets confisqués sont utilisables, le tribunal pourra les mettre à la disposition de l'administration, pour être attribués aux établissements d'assistance publique.

S'ils sont inutilisables ou nuisibles, les objets seront détruits ou répandus aux frais du condamné.

Le tribunal pourra ordonner que la destruction ou effusion aura lieu devant l'établissement ou le domicile du condamné.

Art. 7. Le tribunal pourra ordonner, dans tous les cas, que le jugement de condamnation sera publié intégralement ou par

---

(1) Enumération complétée par la loi du 15 juillet 1907 (art. 6).

extraits dans les journaux qu'il désignera et affiché dans les lieux qu'il indiquera, notamment aux portes du domicile, des magasins, usines et ateliers du condamné, le tout aux frais du condamné, sans toutefois que les frais de cette publication puissent dépasser le maximum de l'amende encourue.

Lorsque l'affichage sera ordonné, le tribunal fixera les dimensions de l'affiche et les caractères typographiques qui devront être employés pour son impression.

En ce cas et dans tous les autres cas où les tribunaux sont autorisés à ordonner l'affichage de leur jugement à titre de pénalité pour la répression des fraudes, ils devront fixer le temps pendant lequel cet affichage devra être maintenu sans que la durée en puisse excéder sept jours.

Au cas de suppression, de dissimulation ou de lacération totale ou partielle des affiches ordonnées par le jugement de condamnation, il sera procédé de nouveau à l'exécution intégrale des dispositions du jugement relatives à l'affichage.

Lorsque la suppression, la dissimulation ou la lacération totale ou partielle aura été opérée volontairement par le condamné, à son instigation ou par ses ordres, elle entraînera contre celui-ci l'application d'une peine d'amende de cinquante francs (50 fr.) à mille francs (1.000 fr.).

La récidive de suppression, de dissimulation ou de lacération volontaire d'affiches par le condamné, à son instigation ou par ses ordres, sera punie d'un emprisonnement de six jours à un mois et d'une amende de cent francs (100 fr.) à deux mille francs (2.000 fr.).

Lorsque l'affichage aura été ordonné à la porte des magasins du condamné, l'exécution du jugement ne pourra être entravée par la vente du fonds de commerce réalisée postérieurement à la première décision qui a ordonné l'affichage.

Art. 8. Toute poursuite exercée en vertu de la présente loi devra être continuée et terminée en vertu des mêmes textes.

L'article 463 du Code pénal sera applicable, même au cas de récidive, aux délits prévus par la présente loi.

Le tribunal, en cas de circonstances atténuantes, pourra ne pas ordonner l'affichage et ne pas appliquer l'emprisonnement.

Le sursis à l'exécution des peines d'amende édictées par la présente loi ne pourra être prononcé en vertu de la loi du 26 mars 1891.

Art. 9. Les amendes prononcées en vertu de la présente loi seront réparties d'après les règles tracées à l'article 11 de la loi de finances du 26 décembre 1890, modifiée par l'article 45 de la loi de finances du 29 avril 1893 et par l'article 83 de la loi de finances du 13 avril 1898.

Les délinquants condamnés aux dépens auront à acquitter, de ce chef, en dehors des frais ordinaires et au profit des communes, les frais d'expertise engagés par ces dernières lorsqu'elles auront pris l'initiative de déceler la fraude et d'en saisir la justice (laboratoires municipaux).

La commission départementale peut, sur la proposition du préfet, accorder aux communes qui auront organisé une police municipale alimentaire des subventions prélevées sur le reliquat disponible du fonds commun.

Art. 10. En cas d'action pour tromperie ou tentative de tromperie sur l'origine des marchandises, des denrées alimentaires ou des produits agricoles et naturels, le magistrat instructeur ou les tribunaux pourront ordonner la production des registres et documents des diverses administrations et notamment celle des contributions indirectes et des entrepreneurs de transports.

Art. 11. Il sera statué par des règlements d'administration publique sur les mesures à prendre pour assurer l'exécution de la présente loi, notamment en ce qui concerne :

1° La vente, la mise en vente, l'exposition et la détention des denrées, boissons, substances et produits qui donneront lieu à l'application de la présente loi ;

2° Les inscriptions et marques indiquant soit la composition, soit l'origine des marchandises, soit les appellations régionales et de crus particuliers que les acheteurs pourront exiger sur les factures, sur les emballages ou sur les produits eux-mêmes, à titre de garantie de la part des vendeurs, ainsi que les indications extérieures ou apparentes nécessaires pour assurer la loyauté de la vente et de la mise en vente ;

3° Les formalités prescrites pour opérer des prélèvements d'échantillons et procéder contradictoirement aux expertises sur les marchandises suspectes ;

4° Le choix des méthodes d'analyses destinées à établir la composition, les éléments constitutifs et la teneur en principes utiles des produits ou à reconnaître leur falsification ;

5° Les autorités qualifiées pour rechercher et constater les infractions à la présente loi, ainsi que les pouvoirs qui leur seront conférés pour recueillir des éléments d'information auprès des diverses administrations publiques et des concessionnaires de transports.

Art. 12. Toutes les expertises nécessitées par l'application de la présente loi seront contradictoires et le prix des échantillons reconnus bons sera remboursé d'après leur valeur le jour du prélèvement.

Art. 13. Les infractions aux prescriptions des règlements d'administration publique, pris en vertu de l'article précédent seront punies d'une amende de seize francs (16 fr.) à cinquante francs (50 fr.).

Au cas de récidive dans l'année de la condamnation, l'amende sera de cinquante francs (50 fr.) à cinq cents francs (500 fr.).

Au cas de nouvelle infraction constatée dans l'année qui suivra la deuxième condamnation, l'amende sera de cinq cents francs (500 fr.) à mille francs (1.000 fr.) et un emprisonnement de six jours à quinze jours pourra être prononcé.

Art. 14. L'article 423, le paragraphe 2 de l'article 477 du Code pénal, la loi du 27 mars 1851 tendant à la répression plus efficace de certaines fraudes dans la vente des marchandises, la loi des 5 et 9 mai 1855 sur la répression des fraudes dans la vente des boissons, sont abrogées.

Néanmoins, les incapacités électorales édictées par la loi du 24 janvier 1889 continueront à être appliquées comme conséquence des peines prononcées en vertu de la présente loi.

Art. 15. Les pénalités de la présente loi et ses dispositions en ce qui concerne l'affichage et les infractions aux règlements d'administration publique rendus pour son exécution sont applicables aux lois spéciales concernant la répression des fraudes dans le commerce des engrais, des vins, cidres et poirés, des sérums thérapeutiques, du beurre et de la fabrication de la margarine. Elles sont substituées aux pénalités et dispositions de l'article 423 du Code pénal et de la loi du 27 mars 1851 dans tous les cas où des lois postérieures renvoient aux textes desdites lois, notamment dans les :

Art. 1er de la loi du 28 juillet 1824 sur les altérations de noms ou suppositions de noms sur les produits fabriqués ;

Articles 1 et 2 de la loi du 4 février 1888 concernant la répression des fraudes dans le commerce des engrais ;

Articles 7 de la loi du 14 août 1889, 2 de la loi du 11 juillet 1891 et 1er de la loi du 24 juillet 1894 relatives aux fraudes commises dans la vente des vins ;

Article 3 de la loi du 25 avril 1895 relative à la vente de sérums thérapeutiques ;

Article 3 de la loi du 6 avril 1897 concernant les vins, cidres et poirés ;

Articles 17, 19 et 20 de la loi du 16 avril 1897 concernant la répression de la fraude dans le commerce du beurre et la fabrication de la margarine.

La pénalité d'affichage est rendue applicable aux infractions prévues et punies par les articles 49 et 53 de la loi de finances du 30 mars 1902, 7 de la loi du 28 janvier 1903, 32 de la loi de finances du 31 mars 1903 et par les articles 2 et 3 de la loi du 18 juillet 1904.

Art. 16. La présente loi est applicable à l'Algérie et aux colonies.

La présente loi, délibérée et adoptée par le Sénat et par la Chambre des députés, sera exécutée comme loi de l'Etat.

Fait à Paris, le 1er août 1905.

Signé : EMILE LOUBET.

Par le Président de la République:

*Le Ministre de l'agriculture,*

Signé : Ruau.

---

*Décret du 31 juillet 1906, portant règlement d'administration publique pour l'application de la loi du 1er août 1905 sur les fraudes alimentaires.*

Le Président de la République française,

Sur la proposition des Ministres de la justice, de l'intérieur, des finances, de l'agriculture et du commerce, de l'industrie et du travail ;

Vu la loi du 1er août 1905 sur la répression des fraudes dans la vente des marchandises et des falsifications des denrées alimentaires et des produits agricoles et, notamment, l'article 11 ainsi conçu :

« Il sera statué par des règlements d'administration publique sur les mesures à prendre pour assurer l'exécution de la présente loi, notamment en ce qui concerne :

. . . . . . . . . . . . . . . . . . . . . . . .

« 3° Les formalités prescrites pour opérer des prélèvements d'échantillons et procéder contradictoirement aux expertises sur les marchandises suspectes ;

« 4° Le choix des méthodes d'analyses destinées à établir la composition, les éléments constitutifs et la teneur en principes utiles des produits ou à reconnaître leur falsification ;

« 5° Les autorités qualifiées pour rechercher et constater les infractions à la présente loi, ainsi que les pouvoirs qui leur seront conférés pour recueillir des éléments d'information auprès des diverses administrations publiques et des concessionnaires de transports » ;

Le Conseil d'Etat entendu,

Décrète :

# TITRE Ier.

**Organisation et fonctionnement du service des prélèvements.**

Art. 1er. Le service chargé de rechercher et de constater les infractions à la loi du 1er août 1905 est organisé par l'Etat, avec le concours éventuel des départements et des communes.

Le fonctionnement de ce service est assuré, sous l'autorité du Ministre de la justice, du Ministre de l'agriculture, et du Ministre du commerce, de l'industrie et du travail, dans les départements par les préfets, à Paris et dans le ressort de la préfecture de police par le préfet de police.

Art. 2. Les autorités qui ont qualité pour opérer des prélèvements sont :

Les commissaires de police ;

Les commissaires de la police spéciale des chemins de fer et des ports ;

Les agents des contributions indirectes et des douanes agissant à l'occasion de l'exercice de leurs fonctions ;

Les inspecteurs des halles, foires, marchés et abattoirs.

Les agents des octrois et les vétérinaires sanitaires peuvent être individuellement désignés par les préfets pour concourir à l'application de la loi du 1er août 1905 et commissionnés par eux à cet effet.

Dans le cas où des agents spéciaux seraient institués par les départements et les communes pour concourir à l'application de ladite loi, ces agents devront être agréés et commissionnés par les préfets.

Art. 3. Une commission permanente est instituée près les ministères de l'agriculture et du commerce, de l'industrie et du travail pour l'examen des questions d'ordre scientifique que comporte l'application de la loi du 1er août 1905. Cette commission est obligatoirement consultée pour la détermination des conditions matérielles des prélèvements, l'organisation des laboratoires et la fixation des méthodes d'analyse à imposer à ces établissements.

Art. 4. Des prélèvements d'échantillons peuvent, en toutes circonstances, être opérés d'office dans les magasins, boutiques, ateliers, voitures servant au commerce, ainsi que dans les entrepôts, les abattoirs et leurs dépendances, les halles, foires et marchés, et dans les gares ou ports de départ et d'arrivée.

Les prélèvements sont obligatoires dans tous les cas où les boissons, denrées ou produits paraissent falsifiés, corrompus ou toxiques.

Les administrations publiques sont tenues de fournir aux agents désignés à l'article 2 tous éléments d'information nécessaires à l'exécution de la loi du 1er août 1905.

Les entrepreneurs de transport sont tenus de n'apporter aucun obstacle aux réquisitions pour prises d'échantillons et de représenter les titres de mouvement, lettres de voiture, récépissés, connaissements et déclarations dont ils sont détenteurs.

Art. 5. Tout prélèvement comporte quatre échantillons, l'un destiné au laboratoire pour analyse, les trois autres éventuellement destinés aux experts.

Art. 6. Tout prélèvement donne lieu, séance tenante, à la rédaction sur papier libre d'un procès-verbal.

Ce procès-verbal doit porter les mentions suivantes :

1° Les nom, prénoms, qualité et résidence de l'agent verbalisateur ;

2° La date, l'heure et le lieu où le prélèvement a été effectué ;

3° Les nom, prénoms, profession, domicile ou résidence de la personne chez laquelle le prélèvement a été opéré. Si le prélèvement a lieu en cours de route, les noms et domiciles des personnes figurant sur les lettres de voiture ou connaissements comme expéditeurs et destinataires ;

4° La signature de l'agent verbalisateur.

Le procès-verbal doit, en outre, contenir un exposé succinct des circonstances dans lesquelles le prélèvement a été opéré, relater les marques et étiquettes apposées sur les enveloppes ou récipients, l'importance du lot de marchandise échantillonné, ainsi que toutes les indications jugées utiles pour établir l'authenticité des échantillons prélevés et l'identité de la marchandise.

Le propriétaire ou détenteur de la marchandise, ou, le cas échéant, le représentant de l'entreprise de transport peut, en outre, faire insérer au procès-verbal toutes les déclarations qu'il juge utiles. Il est invité à signer le procès-verbal ; en cas de refus, mention en est faite par l'agent verbalisateur.

Art. 7. Les prélèvements doivent être effectués de telle sorte que les quatre échantillons soient autant que possible identiques.

A cet effet, des arrêtés ministériels, pris de concert entre le Ministre de l'agriculture et le Ministre du commerce, de l'industrie et du travail, sur la proposition de la commission permanente, déterminent, pour chaque produit ou marchandise, la quantité à prélever, les procédés à employer pour obtenir des échantillons homogènes, ainsi que les précautions à prendre pour le transport et la conservation de ces échantillons.

Art. 8. Tout échantillon prélevé est mis sous scellés. Ces scellés sont appliqués sur une étiquette composée de deux parties pouvant se séparer et être ultérieurement rapprochées, savoir :

1° Un talon qui ne sera enlevé que par le chimiste au laboratoire après vérification du scellé. Ce talon ne doit porter que les indications suivantes : nature du produit, dénomination sous laquelle il est mis en vente, date du prélèvement et numéro sous lequel les échantillons sont enregistrés au moment de leur réception par le service administratif ;

2° Un volant qui porte ces mêmes mentions, mais où sont inscrits, en outre, les nom et adresse du propriétaire ou détenteur de la marchandise, ou, en cas de prélèvement en cours de route, ceux des expéditeurs et destinataires.

Ce volant est signé par l'auteur du procès-verbal.

Art. 9. Aussitôt après avoir scellé les échantillons, l'agent verbalisateur, s'il est en présence du propriétaire ou détenteur de la marchandise, doit le mettre en demeure de déclarer la valeur des échantillons prélevés.

Le procès-verbal mentionne cette mise en demeure et la réponse qui a été faite.

Un récépissé détaché d'un livre à souche est remis au propriétaire ou détenteur de la marchandise. Il y est fait mention de la valeur déclarée.

En cas de prélèvement en cours de route, le représentant de l'entreprise de transport reçoit, pour sa décharge, un récépissé indiquant la nature et la quantité des marchandises prélevées.

Art. 10. Le procès-verbal et les échantillons sont, dans les vingt-quatre heures, envoyés par l'agent verbalisateur à la préfecture du département où le prélèvement a été effectué et, à Paris ou dans le ressort de la préfecture de police, au préfet de police.

Toutefois, en vue de faciliter l'application de la loi, des décisions ministérielles pourront autoriser l'envoi des échantillons aux sous-préfectures ou à tout autre service administratif.

Le service administratif qui reçoit ce dépôt l'enregistre, inscrit le numéro d'entrée sur les deux parties de l'étiquette que porte chaque échantillon et, dans les vingt-quatre heures, transmet l'un de ces échantillons au laboratoire dans le ressort duquel le prélèvement a été effectué.

Le talon seul suit l'échantillon au laboratoire.

Le volant, préalablement détaché, est annexé au procès-verbal. Les trois autres échantillons sont conservés par la préfecture.

Toutefois, si la nature des denrées ou produits exige des mesures spéciales de conservation, les quatre échantillons sont envoyés au laboratoire, où ces mesures sont prises conformément aux arrêtés ministériels prévus à l'article 7. Dans ce cas, les quatre volants sont détachés des talons et annexés au procès-verbal.

Art. 11. Les laboratoires créés par les départements et les communes peuvent être admis, concurremment avec ceux de l'Etat, à procéder aux analyses lorsqu'ils ont été reconnus en état d'assurer ce service et agréés par une décision ministérielle prise sur l'avis conforme de la commission permanente.

## TITRE II.

### Fonctionnement des laboratoires.

Art. 12. Des arrêtés ministériels pris de concert entre le Ministre de l'agriculture et le Ministre du commerce, de l'industrie et du travail, déterminent le ressort des laboratoires admis à procéder à l'analyse des échantillons.

Pour l'examen des échantillons, les laboratoires ne peuvent employer que les méthodes indiquées par la commission permanente.

Ces analyses sont à la fois d'ordre qualitatif et quantitatif. L'examen comprend notamment les recherches microscopiques, spectroscopiques, polarimétriques, réfractométriques, cryoscopiques, susceptibles de fournir des indications sur la pureté des produits, la recherche des antiseptiques et des colorants étrangers.

Ces méthodes sont décrites en détail par des arrêtés pris de concert entre le Ministre de l'agriculture et le Ministre du commerce, de l'industrie et du travail, après avis de la commission permanente.

Art. 13. Le laboratoire qui a reçu pour analyse un échantillon dresse, dans les huit jours de la réception, un rapport où sont consignés les résultats de l'examen et des analyses auxquels cet échantillon a donné lieu.

Ce rapport est adressé au préfet du département d'où provient l'échantillon ; à Paris et dans le ressort de la préfecture de police, le rapport est adressé au préfet de police.

Art. 14. Si le rapport du laboratoire ne révèle aucune infraction à la loi du 1ᵉʳ août 1905, le préfet en avise sans délai l'intéressé.

Dans ce cas, si le remboursement des échantillons est demandé, il s'opère d'après leur valeur au jour du prélèvement, aux frais de l'Etat, au moyen d'un mandat délivré par le préfet, sur représentation du récépissé prévu à l'article 9.

Art. 15. Dans le cas où le rapport du laboratoire signale une infraction à la loi du 1ᵉʳ août 1905, le préfet transmet sans délai ce rapport au procureur de la République.

Il y joint le procès-verbal et les trois échantillons réservés.

S'il s'agit de vins, bières, cidres, alcools ou liqueurs, avis doit être donné par le préfet au directeur des contributions indirectes du département.

Art. 16. Des arrêtés ministériels, pris de concert entre le Ministre de l'agriculture et le Ministre du commerce, de l'industrie et du travail, déterminent dans quelle forme les laboratoires doivent rendre compte périodiquement aux préfets du nombre des échantillons analysés, du résultat de ces analyses et signaler les nouveaux procédés de fraude révélés par l'examen des échantillons.

## TITRE III.

### Fonctionnement de l'expertise contradictoire.

Art. 17. Le procureur de la République informe l'auteur présumé de la fraude qu'il est l'objet d'une poursuite. Il l'avise qu'il peut prendre communication du rapport du directeur du

laboratoire et qu'un délai de trois jours francs lui est imparti
pour faire connaître s'il réclame l'expertise contradictoire prévue à l'article 12 de la loi du 1er août 1905.

Art. 18. S'il y a lieu à expertise, il est procédé à la nomi-
nation de deux experts, l'un désigné par le juge d'instruction,
l'autre par la personne contre laquelle l'instruction est ouverte.
Celle-ci a toutefois le droit de renoncer à cette désignation et
de s'en rapporter aux conclusions de l'expert désigné par le
juge.
Les experts sont choisis sur les listes spéciales de chimistes
experts dressées, dans chaque ressort, par les cours d'appel
ou les tribunaux civils.
L'inculpé pourra toutefois choisir son expert sur les listes
dressées par la cour d'appel ou le tribunal civil du ressort
d'où il aura déclaré que provient la marchandise suspecte.

Art. 19. Chaque expert est mis en possession d'un échantillon.
Le juge d'instruction donne communication aux experts des
procès-verbaux de prélèvement ainsi que des factures, lettres
de voiture, pièces de régie et, d'une façon générale, de tous les
documents que la personne mise en cause a jugé utile de pro-
duire ou que le juge s'est fait remettre.
Aucune méthode officielle n'est imposée aux experts. Ils
opèrent à leur gré, ensemble ou séparément, chacun d'eux
étant libre d'employer les procédés qui lui paraissent le mieux
appropriés.
Leurs conclusions sont formulées dans des rapports qui
sont déposés dans le délai fixé par l'ordonnance du juge.

Art. 20. Si les experts sont en désaccord, ils désignent un
tiers expert pour les départager. A défaut d'entente pour le
choix de ce tiers expert, il est désigné par le président du
tribunal civil.
Le tiers expert peut être choisi en dehors des listes offi-
cielles.

Art. 21. Sur la demande des experts ou sur celle de la personne mise en cause, des dégustateurs, choisis dans les mêmes
conditions que les autres experts, sont commis pour examiner
les échantillons.

Art. 22. Lorsque des poursuites sont décidées, s'il s'agit de
vins, bières, cidres, alcools ou liqueurs, le procureur de la
République devra faire connaître au directeur des contributions

indirectes ou à son représentant, dix jours au moins à l'avance, le jour et l'heure de l'audience à laquelle l'affaire sera appelée.

Art. 23. Il n'est rien innové quant à la procédure suivie par l'administration des douanes et par l'administration des contributions indirectes pour la constatation et la poursuite de faits constituant à la fois une contravention fiscale et une infraction aux prescriptions de la loi du 1er août 1905.

Art. 24. En cas de non-lieu ou d'acquittement, le remboursement de la valeur des échantillons s'effectue dans les conditions prévues à l'article 14 ci-dessus.

Art. 25. Il sera statué ultérieurement sur les conditions d'application de la loi du 1er août 1905 à l'Algérie et aux colonies.

Art. 26. Le Ministre de la justice, le Ministre de l'intérieur, le Ministre des finances, le Ministre de l'Agriculture, le Ministre du commerce, de l'industrie et du travail sont chargés, chacun en ce qui le concerne, de l'exécution du présent décret, qui sera publié au *Journal officiel* et inséré au *Bulletin des lois.*

Fait à Rambouillet, le 31 juillet 1906.

A. FALLIÈRES.

**Par le Président de la République :**

*Le Président du conseil,*
 *Ministre de la justice,*
Signé : F. SARRIEN.

*Le Ministre de l'intérieur,*
Signé : G. CLEMENCEAU.

*Le Ministre des finances,*
Signé : R. POINCARÉ.

*Le Ministre de l'agriculture,*
Signé : J. RUAU.

*Le Ministre du commerce, de l'industrie et du travail,*
Signé : Gaston DOUMERGUE.

*Décret portant règlement d'administration publique pour l'application de la loi du 1ᵉʳ août 1905 sur la répression des fraudes dans la vente des marchandises et des falsifications en ce qui concerne les denrées et boissons servant à l'alimentation des armées de terre et de mer.*

Paris, le 5 juin 1908.

RAPPORT AU PRÉSIDENT DE LA RÉPUBLIQUE FRANÇAISE.

Monsieur le Président,

Le règlement d'administration publique du 31 juillet 1906 a, dans son article 2, conformément à la délégation contenue dans l'article 11 de la loi du 1ᵉʳ août 1905 sur la répression de la fraude dans la vente des marchandises et des falsifications des denrées alimentaires et des produits agricoles, déterminé les autorités qualifiées pour rechercher et constater les infractions à la loi.

Ces autorités sont les commissaires de police, les commissaires de la police spéciale des chemins de fer et des ports, les agents des contributions indirectes et des douanes agissant à l'occasion de l'exercice de leurs fonctions, les inspecteurs des halles, foires, marchés et abattoirs.

L'article 2 contient, en outre, deux dispositions aux termes desquelles, d'une part, les agents des octrois et les vétérinaires sanitaires peuvent être individuellement désignés par les préfets pour concourir à l'application de la loi, et, d'autre part, les préfets peuvent agréer et commissionner des agents spéciaux, lorsqu'ils sont institués par les départements et les communes.

La découverte des fraudes et falsifications commises dans la vente des approvisionnements destinés à l'armée m'a amené à reconnaître, ainsi que mon collègue le Ministre de la marine, que cette désignation ne me permettait pas d'agir avec toute la promptitude et toute la célérité indispensables pour arriver à une constatation certaine du délit et que la nécessité de s'adresser en toute circonstance à des agents étrangers aux administrations militaires présentait de sérieux inconvénients. Le ministère de la guerre a dû, pour les éviter, agir en suivant les règles du droit commun, à savoir celles qui résultent des articles 430 et suivants du Code pénal sur les délits de fournisseurs, sans emprunter la procédure constituée par la loi du 1ᵉʳ août 1905.

Il est incontestable que la loi du 1er août 1905 offre de grands avantages pour assurer la répression des fraudes et des falsifications, grâce à la faculté qu'elle accorde d'opérer des prélèvements d'échantillons sur les marchandises suspectes ; elle permet non seulement de refuser ces marchandises, mais aussi d'assurer la répression des fraudes commises et d'empêcher, au moyen de l'application de pénalités assez rigoureuses, qu'elles ne se produisent. Nul ne saurait, dès lors, contester l'utilité pour les Ministres de la guerre et de la marine de pouvoir recourir à la fois à la loi du 1er août 1905 et au décret du 31 juillet 1906, rendu pour son exécution. Les poursuites qui ont dû être dirigées dans ces derniers temps contre des fournisseurs malhonnêtes et les condamnations prononcées par les tribunaux ont démontré à quel degré d'intensité devait être portée la vigilance de l'Etat en ce qui touche les fournitures de denrées alimentaires faites aux armées de terre et de mer. Cette vigilance ne sera efficace que si elle se complète par une intervention incessante de l'autorité pour constater les fraudes et en livrer les auteurs à la justice.

J'ai pensé, d'accord avec mon collègue le Ministre de la marine, que, pour parvenir à ce résultat, il convenait d'associer les autorités militaires elles-mêmes à la répression des fraudes en les investissant des pouvoirs spéciaux conférés par le décret du 31 juillet 1906 aux autorités civiles. C'est l'objet du décret ci-joint.

A la nomenclature des autorités désignées par l'article 2 du décret du 31 juillet 1906 comme ayant qualité pour opérer des prélèvements sur les denrées et boissons servant à l'alimentation des armées de terre et de mer, il ajoute, pour l'administration de la guerre, les fonctionnaires du contrôle, ceux de l'intendance militaire, les médecins militaires, les officiers aux approvisionnements et distributions de vivres ; pour l'administration de la marine, les contrôleurs, les commissaires de la marine, les médecins de la marine et les manutentionnaires. Tous ces fonctionnaires et officiers auront sans préjudice du droit d'intervention des autorités civiles, quand cette intervention sera nécessaire, le pouvoir de constater les infractions commises par les fournisseurs des armées de terre et de mer à la loi du 1er août 1905. Leurs investigations pourront se porter sur les marchandises au moment de leur présentation pour livraison, sur celles qui sont approvisionnées dans les magasins, dans les cantines des corps de troupes, services et établissements militaires. Ils auront les mêmes droits que les agents d'ordre civil désignés à l'article 2 du décret du 31 juillet 1906 et devront, par contre, pour les prélèvements à opérer, se soumettre à toutes les prescriptions du même décret, qui restent entièrement en vigueur et ne subissent d'autre modification que celle d'informer l'autorité militaire ou maritime du résultat des recherches faites par les laboratoires et, le cas échéant, de l'aviser des poursuites dirigées contre les fraudeurs.

La mission des fonctionnaires militaires et des officiers sera aussi large que possible en ce sens qu'elle s'étendra à toutes les denrées et boissons destinées à l'alimentation des troupes, aussi bien à celles provenant des achats faits par les ordinaires qu'à celles qui sont approvisionnées dans les magasins militaires ou mises par les cantiniers à la disposition des militaires. Mais elle sera limitée en ce sens qu'elle ne pourra s'exercer que dans l'intérieur des établissements militaires ou tout au moins sur les marchandises présentées à l'autorité militaire pour lui être livrées. Ainsi précisée et définie, elle rendra certaine la constatation à tout moment des fraudes ou tentatives de fraudes commises et préservera nos soldats des dangers auxquels ils se trouvaient auparavant exposés.

Les administrations de la guerre et de la marine se sont mises d'accord avec ceux des Ministres qui avaient participé à la confection du décret du 31 juillet 1906 et le Conseil d'État a été, conformément à la loi du 24 mai 1872, appelé à délibérer.

Je vous serai, en conséquence, très reconnaissant, Monsieur le Président, si vous approuvez les propositions qui vous sont faites, de vouloir bien revêtir de votre signature le décret ci-joint.

Veuillez agréer, Monsieur le Président, l'hommage de mon respectueux dévouement.

Le Ministre de la guerre,<br>G. Picquart.

---

## Décret.

Le Président de la République française,

Sur le rapport des Ministres de la justice, de l'intérieur, des finances, de la guerre, de la marine, de l'agriculture, du commerce et de l'industrie ;

Vu la loi du 1er août 1905 sur la répression des fraudes dans la vente des marchandises et des falsifications des denrées alimentaires et des produits agricoles, notamment l'article 11 ainsi conçu :

« Il sera statué par des règlements d'administration publique sur les mesures à prendre pour assurer l'exécution de la présente loi, notamment en ce qui concerne... ;

« 5° Les autorités qualifiées pour rechercher et constater les infractions à la présente loi, ainsi que les pouvoirs qui leur seront conférés pour recueillir les éléments d'information auprès des diverses administrations publiques et des concessionnaires de transports » ;

Vu le décret du 31 juillet 1906, réglementant les prélèvements, analyses et expertises pour l'application de la loi du 1er août 1905 en ce qui concerne les boissons, les denrées alimentaires et les produits agricoles ;

Le Conseil d'État entendu,

Décrète :

Art. 1er. Le service chargé de rechercher et de constater les infractions à la loi du 1er août 1905 fonctionne, en ce qui concerne les denrées et boissons servant à l'alimentation des armées de terre et de mer : 1° sous l'autorité du Ministre de la guerre ou du Ministre de la marine pour ce qui regarde les fonctionnaires militaires et les officiers visés au présent décret ; 2° sous l'autorité des Ministres de la justice, de l'agriculture, du commerce et de l'industrie pour l'application du règlement du 31 juillet 1906.

Art. 2. Indépendamment des autorités et agents énumérés à l'article 2 du décret du 31 juillet 1906, ont qualité pour opérer des prélèvements sur les denrées et boissons ci-dessus définies :

Pour l'armée de terre, les fonctionnaires du contrôle de l'armée, les fonctionnaires de l'intendance militaire, les médecins militaires, les vétérinaires militaires, les officiers préposés aux approvisionnements et distributions de vivres.

Pour l'armée de mer, les contrôleurs de l'administration de la marine, les commissaires de la marine, les médecins de la marine, les manutentionnaires.

Art. 3. Les fonctionnaires militaires et les officiers énumérés à l'article ci-dessus n'ont qualité pour concourir à l'exécution de la loi du 1er août 1905 qu'à l'occasion de l'exercice de leurs fonctions.

Les prélèvements opérés par eux doivent être effectués en

présence du fournisseur ou de son représentant, ou lui dûment appelé.

Ils portent :

1° Sur les marchandises au moment de leur présentation pour livraison ;

2° Sur les marchandises approvisionnées dans les magasins militaires ou de la marine ;

3° Sur les denrées et boissons consommées ou approvisionnées dans les cantines des corps de troupes, services et établissements militaires.

Art. 4. Il est procédé, pour l'application du présent décret, suivant les règles établies par le règlement du 31 juillet 1906, sous réserve des dispositions spéciales édictées aux articles ci-après.

Art. 5. Lorsque le rapport du laboratoire chargé de l'analyse ne révèle aucune infraction à la loi du 1er août 1905, le préfet en avise, suivant le cas, le commandant de corps d'armée, le gouverneur militaire de Paris ou le préfet maritime.

Art. 6. Dans le cas où le rapport du laboratoire signale une infraction à la loi du 1er août 1905, le préfet en informe, immédiatement, l'autorité militaire ou maritime intéressée, et l'avise que le procès-verbal et les échantillons réservés sont transmis au procureur de la République.

Art. 7. Dans tous les cas où la valeur des échantillons doit être remboursée, ce remboursement s'effectue aux frais du département de la guerre ou de celui de la marine, au moyen d'un mandat délivré par l'autorité militaire ou maritime, sur représentation du récépissé prévu à l'article 9 du décret du 31 juillet 1906.

Art. 8. Les préfets adressent périodiquement aux autorités militaires et maritimes un extrait des rapports des laboratoires rendant compte du nombre des échantillons analysés pour les services des armées de terre et de mer ainsi que du résultat de ces analyses. Ils signalent les nouveaux procédés de fraude révélés par l'examen des échantillons.

Art. 9. Les Ministres de la justice, de l'intérieur, des finances, de la guerre, de la marine, de l'agriculture, du commerce et de l'industrie sont chargés, chacun en ce qui le concerne, de l'exécution du présent décret, qui sera publié au *Journal officiel* de la République française et inséré au *Bulletin des lois.*

Fait à Paris, le 5 juin 1908.

A. FALLIÈRES.

Par le Président de la République :

*Le Garde des sceaux, Ministre de la justice et des cultes,*
A. BRIAND.

*Le Président du Conseil, Ministre de l'intérieur,*
G. CLEMENCEAU.

*Le Ministre des finances,*
J. CAILLAUX.

*Le Ministre de la guerre,*
G. PICQUART.

*Le Ministre de la marine,*
G. THOMSON.

*Le Ministre de l'agriculture,*
J. RUAU.

*Le Ministre du commerce et de l'industrie,*
Jean CRUPPI.

---

*Arrêté ministériel relatif au prélèvement des échantillons sur les denrées alimentaires et produits agricoles suspects de fraude ou de falsification.*

Paris, le 1er août 1906.

Le Ministre de l'agriculture, le Ministre du commerce, du travail et de l'industrie,

Vu la loi du 1er août 1905 sur la répression des fraudes dans la vente des marchandises et des falsifications des denrées alimentaires et des produits agricoles;

Vu le règlement d'administration publique en date du 31 juillet 1906, rendu pour l'application de la loi;

Vu notamment l'article 3 dudit décret établissant que l'avis de la commission technique permanente instituée par décret du 15 décembre 1905 est obligatoire pour la détermination des conditions matérielles des prélèvements d'échantillons;

Vu l'article 7 du même décret portant que la commission technique permanente déterminera pour chaque produit la quantité à prélever, les précautions à prendre pour le transport et la conservation des échantillons et enfin les procédés à employer pour obtenir des échantillons bien homogènes;

Vu l'avis de la commission technique permanente;
Sur le rapport du directeur de l'agriculture,

Arrêtent :

Art. 1er. Chaque prélèvement comporte toujours la prise de quatre échantillons.
Ces quatre échantillons doivent être identiques.

Art. 2. Les échantillons prélevés doivent remplir les conditions suivantes :


## I. — LIQUIDES.

**A. — Liquides vendus en litres, demi-litres, bouteilles, demi-bouteilles, flacons, cruchons, portant des cachets, marques et étiquettes d'origine.**

1. *Vins, vinaigres, cidres, poirés.* — Un litre ou une bouteille par échantillon.

2. *Bières.* — Une bouteille ou une canette.

3. *Eaux-de-vie, cognac, armagnac, rhum, kirsch, apéritifs divers, liqueurs, sirops.* — Une bouteille de 75 centilitres ou un demi-litre par échantillon.

4. *Huiles.* — Une bouteille ou une carafe d'un demi-kilogramme par échantillon.

5. *Lait stérilisé.* — Une bouteille ou une carafe d'un demi-litre par échantillon.

6. *Eau-de-vie blanche, esprit de vin, alcool dénaturé, alcool à brûler.*
(Ces produits sont généralement vendus en litres.)
Déboucher l'un de ces litres et en partager le contenu dans quatre flacons d'un quart de litre propres et secs qu'on bouchera avec des bouchons neufs.
On mentionnera au procès-verbal la disposition et le libellé des étiquettes portées sur le litre ainsi employé ; si possible, décoller ces étiquettes et les joindre au procès-verbal.

**B. — Liquides contenus dans des fûts, réservoirs, bidons, estagnons, intacts ou en vidange.**

Les quatre échantillons devront provenir d'un même récipient. Si celui-ci n'est pas encore entamé, s'il est intact, on devra relever minutieusement toutes les marques, cachets ou inscriptions dont le récipient est revêtu pour les mentionner au procès-verbal, avant de procéder au prélèvement, lequel se fera, soit en piquant le fût avec un foret ou une vrille, soit par tout autre moyen approprié.

On tirera dans un vase quelconque, sec et propre (baquet, terrine, broc, etc.) une quantité de liquide suffisante pour constituer les quatre échantillons, puis on répartira ce liquide entre les quatre bouteilles de prélèvement.

Si l'on ne dispose pas d'un vase sec et propre, et qu'on soit dans l'obligation de remplir les quatre bouteilles de prélèvement en tirant directement au fût, par exemple, on devra s'y prendre à deux reprises, c'est-à-dire qu'on commencera par remplir les quatre bouteilles à moitié seulement ; puis on les reprendra, dans le même ordre, pour achever de les remplir.

On indiquera soigneusement au procès-verbal la nature du récipient d'où l'on aura tiré le liquide prélevé, sa contenance approximative et s'il était en vidange, la quantité de liquide qu'il contenait encore au moment du prélèvement.

Dans le cas où le liquide a été remis en bouteilles prêtes à la vente, par le détaillant, on débouchera un nombre suffisant de bouteilles dont on mélangera le contenu dans un vase sec et propre, on remplira avec ce liquide les quatre bouteilles de prélèvement.

Les précautions spéciales à chaque cas, ainsi que les quantités à prélever pour chaque échantillon, sont indiquées ci-après :

Les bouteilles de prélèvement devront toujours être propres et sèches, complètement remplies et bouchées avec des bouchons de liège neufs.


7. *Vins.* — Bouteilles d'un litre ou de 800 centimètres cubes au moins, autant que possible en verre blanc, entièrement propres, sèches, sans aucune odeur.

Elles seront, si elles ont déjà servi, lavées à l'eau de cristaux à 5 p. 100, rincées à l'eau froide, puis complètement égouttées. Si elles doivent servir aussitôt après le lavage, elles subiront un second rinçage avec un centilitre du vin prélevé.

Sur wagon-réservoir la prise du volume nécessaire se fera par le robinet de tirage après avoir laissé écouler et rejeter le premier centilitre.

Sur fût, la prise se fera à l'aide d'un trou de fausset fait au foret sur l'un des fonds, à 10 centimètres environ des bords ; le trou sera garni d'un ajutage métallique d'écoulement et celui-ci assuré par un trou de fausset fait à la partie supérieure du fût.

On devra avoir soin que les bouteilles ne soient pas plus froides que le vin au moment de l'embouteillage.

8. *Laits*. — Un quart de litre par échantillon, soit un litre pour les quatre échantillons. On prélèvera dans des bouteilles de verre blanc propres, sèches et sans odeur. Avant de les boucher, on introduira dans chacune d'elles une pastille rouge spéciale de bichromate de potasse.

Lorsque le prélèvement portera sur du lait en cours de débit, c'est-à-dire placé dans une terrine, sur le comptoir ou dans un pot ouvert, on mélangera soigneusement avec une louche le lait avec la crème montée à la surface avant de remplir les bouteilles de prélèvement.

Si le prélèvement porte sur des pots ou bidons intacts, on relèvera la nature des cachets et des marques dont ils sont revêtus avant de procéder à leur ouverture ; on en fera mention au procès-verbal.

On transvasera le lait du pot sur lequel on se propose de faire un prélèvement dans un pot vide semblable, puis on le reversera dans le premier ; ce double transvasement n'a d'autre but que de rendre le liquide homogène, c'est-à-dire de mélanger le lait avec sa crème. On prélèvera alors le lait au moyen d'une louche et, en se servant d'un entonnoir, on remplira les quatre bouteilles.

Si l'on ne dispose pas d'un pot vide pour effectuer le transvasement favorable au mélange du lait avec sa crème, on agitera fortement le pot avant de l'ouvrir ; puis on s'efforcera d'en rendre le contenu homogène en le brassant avec une louche : on devra alors en verser quelques litres dans un vase quelconque sec et propre et se servir de ce liquide pour remplir les quatre fioles de prélèvement. Si l'on ne dispose d'aucun vase sec et propre convenable, on prendra directement dans le pot avec la louche et on remplira tout d'abord les bouteilles de prélèvement à moitié seulement, puis on les reprendra dans le même ordre pour achever de les remplir.

On pourra faire autant de prélèvements, c'est-à-dire prélever autant de fois quatre échantillons qu'il y a de pots.

On pourra aussi faire un prélèvement moyen sur plusieurs pots. Dans ce cas, après avoir agité soigneusement ceux-ci, on versera quelques litres de chacun d'eux dans un pot vide, ou dans un vase sec et propre et on remplira les fioles de prélèvement avec ce mélange.

On indiquera au procès-verbal le nombre de pots ainsi employés à ce prélèvement moyen, ainsi que les marques et cachets dont ils étaient revêtus. On devra se munir, pour les prélèvements de laits, d'une louche et d'un entonnoir.


9. *Bières, cidres et poirés*. — Prélever un litre environ par échantillon, dans des bouteilles résistantes (les bouteilles du

genre Vichy suffisent). Le bouchon devra être maintenu soit avec une ficelle, soit avec du fil de fer.

Dans le cas de la bière, si celle-ci est tirée au fût au moyen d'une pompe, on aura soin de laisser perdre le liquide qui aura séjourné dans les tuyaux de la pompe, soit un quart ou un demi-litre, avant de faire le prélèvement.

10. *Vinaigre.* — Un litre.

11. *Eaux-de-vie, cognac, armagnac, rhum, kirsch, marcs, apéritifs divers* (absinthe, vermouth, bitter, amers, quinquinas, etc.), *liqueurs, sirops.* — Un demi-litre.

12. *Huiles.* — Un quart de litre.
Si on constate la présence d'un dépôt ou si l'huile s'est épaissie, ce qui est le cas pour certaines huiles en hiver, on devra mélanger et prélever l'huile trouble. On devra prélever les échantillons dans des fioles d'un quart de litre, en verre blanc, autant que possible.

13. *Eau de vie blanche, esprit de vin, alcool à brûler, alcool dénaturé.* — Un quart de litre.

## II. — MATIÈRES GRASSES, PATEUSES, SEMI-FLUIDES.

(A prélever en pots ou bocaux.)

Pour les produits vendus en pots ou bocaux d'origine, on prélèvera quatre échantillons semblables, après s'être assuré que leurs marques, étiquettes ou cachets sont identiques.

14. *Moutardes.* — Pots de 75 grammes environ.

15. *Confitures, miels.* — Pots de 250 grammes environ.
Pour les produits vendus au détail, on placera les échantillons dans des pots de verre, de porcelaine, de terre vernissée, du genre des pots employés habituellement pour les confitures ; on s'assurera qu'ils sont propres et secs. La matière prélevée sera recouverte d'un disque de papier paraffiné, parcheminé, ou même de papier blanc ordinaire ; puis on recouvrira le pot d'un papier propre, solide, que l'on liera avec une ficelle.

16. *Beurres, graisses alimentaires diverses, saindoux, fromages mous.* — 200 grammes environ par échantillon.
Pour les beurres, quand le prélèvement se fera sur la motte, on se servira du fil, du couteau ou de la sonde et on aura soin de prendre en tous les points, en se rappelant que certaines mottes sont fourrées, c'est-à-dire que le milieu n'a

pas la même qualité que l'extérieur. On prendra ainsi environ 800 grammes de matière qu'on malaxera au couteau, sur une feuille de papier, et dont on fera quatre parts semblables, qui seront placées dans les pots de prélèvement.

17. *Confitures, compotes, miels.* — 200 grammes par échantillon.

Prendre toutes précautions pour assurer la ressemblance des échantillons.

18. *Gâteaux mous* (éclairs, tartes, etc.). — 125 grammes par échantillon.

On constituera les échantillons par un même nombre de gâteaux semblables, si ceux-ci sont petits. S'il s'agit d'une pâtisserie, on prendra des tranches semblables.

19. *Moutarde en pâte.* — 75 grammes environ par échantillon.

Dans ce cas le prélèvement ne se fera plus en pot du genre des pots à confiture, comme précédemment; on emploiera de petits pots de 100 grammes qui pourront être bouchés au liège.

On recouvrira le bouchon d'une feuille de papier qui sera fixé au moyen de ficelle.

## III. — MATIÈRES A PRÉLEVER EN BOCAUX POUR ÉVITER LA DESSICCATION.

Ces produits seront prélevés dans des bocaux propres et secs qui seront bouchés avec un bouchon de liège propre et sans odeur. Le bouchon sera recouvert d'une feuille de papier qu'on liera sur le col du bocal avec de la ficelle.

On prélèvera environ un kilogramme de matières qu'on étalera sur une feuille de papier propre ; puis après avoir bien mélangé, on fera quatre tas semblables, égaux, qui constitueront les échantillons de prélèvement de 250 grammes environ.

20. *Cafés verts et grillés, en grains ou moulus.* — Dans le cas d'un café en poudre on prélèvera en même temps, quand cela sera possible, le café grillé en grains dont le café moulu est dit provenir.

21. *Farines.* — Si le prélèvement porte sur un sac scellé, on prendra à la sonde dans toutes les parties du sac; on recueillera le produit des sondages sur une feuille de papier jusqu'à ce que l'on ait obtenu la quantité nécessaire aux quatre échantillons.

22. *Sel de table, sel marin, sel raffiné, sel blanc.* — S'ils

sont en boîtes ou en flacons d'origine, on en prélèvera quatre échantillons semblables de 250 grammes.

## IV. — PRODUITS SOLIDES OU EN POUDRE.

Lorsque ces produits seront vendus en paquets, sacs, boîtes, tubes, flacon d'origine, on prélèvera quatre échantillons semblables après s'être assuré qu'ils sont identiques.

23. *Cacaos et chocolats en poudre ou granulés.* — Boîte de 250 grammes.

24. *Thés.* — Boîtes ou paquets de 125 grammes.

25. *Chicorées.* — Paquets de 125 grammes.

26. *Produits de la confiserie.* — Boîtes, paquets ou flacons de 125 grammes.

27. *Pâtes alimentaires, tapioca, sagou, salep, arrow-root.* — Paquets ou boîtes de 125 grammes.

28. *Sucre vanillé ou à la vanilline.* — Sachets ou boîtes de 25 grammes.

29. *Moutarde en poudre.* — Boîtes de 125 grammes.
Lorsqu'on prélèvera des produits en poudre, en grains ou en petits fragments, vendus au détail, on prendra la quantité nécessaire à prélever les quatre échantillons; on la placera sur une feuille de papier propre ; puis on mélangera avec soin et on partagera en quatre tas semblables formant les quatre échantillons; chacun d'eux sera placé dans un sac de papier qui ne devra pas porter de marques.

30. *Poivre en grains.* — 100 grammes par échantillon.

31. *Poivre en poudre, quatre épices, piment, gingembre, cannelle, muscade, girofle.* — Echantillon de 50 grammes.
Dans le cas où le produit aurait été moulu par le débitant, on fera un prélèvement sur le produit en grains, ou entier, qui aura servi à préparer la poudre.

32. *Safran.* — 10 grammes par échantillon.

33. *Sucre en poudre.* — 125 grammes par échantillon.

34. *Thés.* — 125 grammes par échantillon.

35. *Pastilles et bonbons de chocolat, bonbons divers, boules*

*de gomme, dragées, pastilles diverses.* — 125 grammes environ par échantillon.

36. *Pâtes alimentaires, semoules.* — 100 grammes par échantillon.

37. *Fleurage.* — 250 grammes par échantillon.

Pour les produits en tablettes, en bâtons, en pains, en pièces, pouvant être débitées en les vendant à l'unité on relèvera les marques, cachets et étiquettes dont ils sont revêtus et on en mentionnera au procès-verbal le texte et la disposition. Chaque échantillon sera enveloppé d'une feuille de papier sans marques ou placé dans un sac de papier sans marques.

38. *Chocolat en tablettes, bâtons, croquettes, objets en chocolat.* — 125 grammes par échantillon.

39. *Pâtisseries sèches, petits fours, biscuits.* — 250 grammes par échantillon.

40. *Suc de réglisse.* — 50 grammes par échantillon.

41. *Vanille en gousses.* — Ce produit est généralement vendu en tube de deux à trois gousses, on prélèvera quatre tubes semblables.

Les produits suivants seront soigneusement enveloppés dans une feuille de papier parcheminé ou paraffiné, puis enfermés dans un sac de papier sans marques.

42. *Pain d'épice.* — 250 grammes par échantillon.

43. *Fruits secs, fruits confits ou glacés.* — 125 grammes par échantillon.

44. *Produits de la charcuterie : saucisses, cervelas, saucissons, andouilles, andouillettes, pâtés de foie, galantine, rillettes, fromage de cochon, jambon, salaisons, lard fumé ou salé, poissons fumés ou salés.* — 150 grammes par échantillon.

Prendre toutes précautions pour que les échantillons soient semblables.

45. *Fromages secs* (gruyère, hollande, roquefort, parmesan, etc.). — Prélever quatre morceaux aussi identiques que possible de 125 grammes chacun.

46. *Pain.* — Prélever quatre échantillons de 125 grammes environ chacun aussi semblables que possible, dans un même pain ou dans deux pains semblables.

## V. — CONSERVES.

On prélèvera quatre échantillons identiques c'est-à-dire qu'on s'assurera qu'ils portent les mêmes inscriptions, qu'ils sont du même modèle et du même prix.

*47. Conserves de viande, gibier, volaille, poisson, légumes, fruits, à l'huile, au vinaigre, au vin blanc, au sirop, au sel, etc., en boîtes en fer-blanc, terrines, bocaux ou flacons.* — On prélèvera quatre boîtes, terrines, bocaux ou flacons du plus petit modèle.

Paris, le 1er août 1906.

Signé : Gaston DOUMERGUE.                    Signé : RUAU.

Paris et Limoges. — Imprimerie et librairie militaires Henri Charles-Lavauzelle.